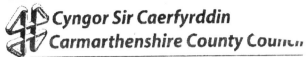

Cyngor Sir Caerfyrddin
Carmarthenshire County Council

LLYFRGELLOEDD CYHOEDDUS / PUBLIC LIBRARIES

Dyddiad dychwelyd		Date due back	

Awdur
Author Owenshaw, Chris

Enw
Title Trydan

Dosbarth **Class No.**	**Rhif** **Acc. No.**

Trydan

Chris Ollerenshaw a Pat Triggs

Ffotograffau gan Peter J Millard

Cynnwys

Ivan Corbett • Penryn

Teganau difyr

Oes gennych chi degan sy'n rhedeg ar fatrïau? Mae
sawl un yn y lluniau hyn. O siopau y daeth rhai
ohonynt. Cynnyrch cartref yw'r lleill. Mae angen dim
ond un batri i wneud i rai ohonynt weithio. Mae
angen mwy nag un ar y lleill.

Mae batrïau yn y pethau hyn. Faint o bethau yn eich cartref chi sydd â batrïau i wneud iddynt weithio?

Weithiau, pan na fydd rhywbeth yn gweithio, bydd pobl yn dweud, 'Efallai fod y batri wedi dod i ben'. Beth yw ystyr hynny? A oes golwg wahanol arno?

Mae batrïau yn y chwaraeydd casét hwn. Ond bydd hefyd yn gweithio os rhowch y plwg yn y soced. Gall weithio o'r batrïau neu o'r plwg. Â pha beth y mae'r plwg yn cysylltu?

3

Plygiau

Mae gennym lawer o bethau sydd â phlygiau i wneud iddynt weithio.

Allwch chi feddwl am rai ohonynt? Beth am y rhain?

Mae cymaint ohonynt, a byddwn yn eu defnyddio mor aml, nes bod angen inni eu cysylltu â'r cyflenwad o'r hyn sy'n gwneud iddynt weithio.

Beth sy'n gwneud iddynt weithio? Trydan, wrth gwrs.

Heddiw, bydd tai, ysgolion, swyddfeydd a ffatrïoedd yn defnyddio llawer o drydan. Daw'r trydan o'r prif gyflenwad. Faint o socedi i'r prif gyflenwad sydd yn eich cartref neu'ch ysgol?

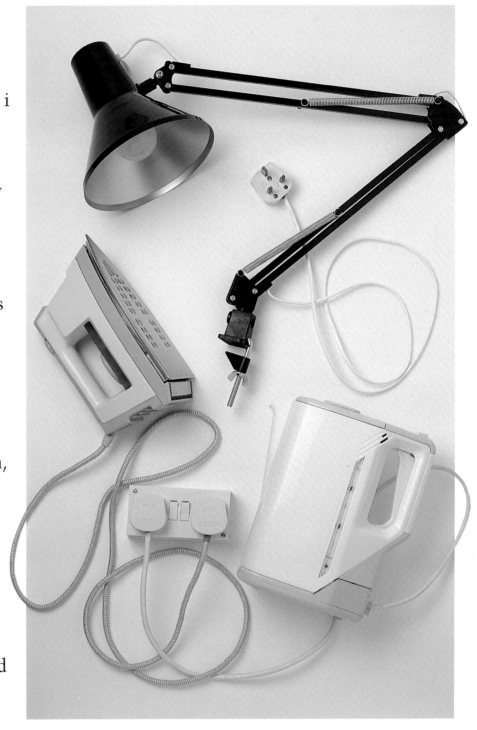

Ond dydy'r prif gyflenwad ddim yn mynd i bobman. Allwch chi feddwl am adegau pryd y mae'n well peidio â defnyddio'r prif gyflenwad trydan?

Dyna pryd y mae batrïau'n ddefnyddiol. Bydd batrïau'n storio trydan er mwyn inni ei gludo i fannau lle nad oes prif gyflenwad. Fel rheol, bydd batrïau'n fwy diogel hefyd.

Mae trydan y prif gyflenwad yn bwerus iawn. Gall eich lladd. Gan fod llawer llai o bŵer gan fatri, ni wnaiff eich anafu.

Beth yw'r broblem?

Weithiau, bydd teganau sy'n defnyddio batrïau yn peidio â gweithio'n iawn. Mae'r goleudy hwn wedi peidio â gweithio. Wnaiff ei olau ddim goleuo. Sut fyddech chi'n darganfod pam nad yw'r golau'n gweithio?

Gallech ei atgyweirio drwy ffidlan â'r gwahanol rannau. Gallech wneud iddo weithio drwy hap a damwain. Ond un ffordd yn unig sydd o fod yn gwbl siŵr beth sydd o'i le a sut i'w gywiro. Hynny yw, deall sut mae'n gweithio. Gallwch wneud hynny gam wrth gam.

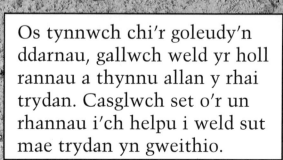

Os tynnwch chi'r goleudy'n ddarnau, gallwch weld yr holl rannau a thynnu allan y rhai trydan. Casglwch set o'r un rhannau i'ch helpu i weld sut mae trydan yn gweithio.

Dechreuwch drwy ddefnyddio'r batri a'r bwlb yn unig. Allwch chi wneud i'r bwlb oleuo?

Pa ran o'r batri y gwnaethoch chi ei chyffwrdd â'r bwlb? Yn union pa rannau o'r bwlb a oedd yn cyffwrdd â'r batri pan oleuodd y bwlb.

Cysylltu

Ar ôl i'r bwlb oleuo, ceisiwch wneud hynny eto â dau ddarn o wifren. Allwch chi wneud i'r bwlb oleuo heb gyffwrdd â'r batri'n uniongyrchol?

Ble wnaethoch chi gysylltu'r gwifrau â'r batri? Ble wnaethoch chi gysylltu'r gwifrau â'r bwlb? Tynnwch lun i ddangos ble mae popeth yn cyffwrdd.

Mae'r trydan yn llifo o'r batri i'r bwlb. Sut?

Mae'r batri, y bwlb a'r gwifrau o wahanol ddefnyddiau, sef papur, metel, plastig, gwifren a gwydr. Pa rai sy'n gadael i'r trydan lifo? Pa rannau sy'n gorfod cyffwrdd â'i gilydd? O beth y cawson nhw eu gwneud?

Beth am ddefnyddio eich syniadau am yr hyn sy'n gadael i drydan lifo? Y tro hwn, defnyddiwch y batri, y bwlb, y ddwy wifren a'r gafaelydd bwlb. (Bydd angen sgriwdreifer ond fydd dim angen tynnu'r sgriwiau'n llwyr o'r gafaelydd i wneud y cysylltiadau.)

Defnyddio'r gafaelydd bwlb

Sut mae'r bwlb yn ffitio i'r gafaelydd? Allwch chi weld sut i gysylltu'r gwifrau â'r gafaelydd? (Cofiwch ble y gwnaethoch gysylltu'r wifren â'r bwlb o'r blaen.)

Peth ymarferol iawn yw defnyddio rhan megis gafaelydd bwlb. Cofiwch sut brofiad oedd defnyddio'ch dwylo i ddal pob un o'r darnau cywir yn y mannau cywir. Dyluniwyd y gafaelydd i ddal y bwlb yn gadarn a gadael i'r trydan lifo.

Ar ôl ichi gysylltu pob rhan, a chael y bwlb i oleuo, tynnwch lun i ddangos sut mae'n gweithio. O'r blaen, buoch chi'n defnyddio'r bwlb a'r batri'n unig. Mae gwybod sut olwg sydd ar du mewn bwlb golau hefyd yn eich helpu i ddeall beth sy'n digwydd.

Pontio'r bwlch

Rydych wedi darganfod bod trydan yn llifo ar hyd gwifrau metel. I ddarganfod pam nad yw rhywbeth trydanol yn gweithio, mae'n dda gwybod beth nad yw'n gadael i drydan deithio drwyddo. Ai metel yw'r unig beth y gall deithio drwyddo? A wnaiff unrhyw fetel y tro? Beth am ddefnyddiau eraill?

Casglwch ddefnyddiau gwahanol a cheisiwch ddyfalu pa rai y gall trydan lifo, neu beidio â llifo, drwyddynt.

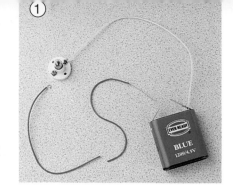

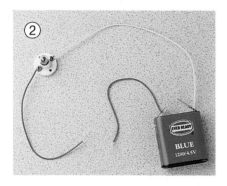

Datgysylltwch un o'r gwifrau oddi wrth y batri a'r gafaelydd. Torrwch hi yn ei hanner (llun 1). (Peidiwch byth â thorri drwy wifrau trydan sydd wedi eu cysylltu.) Stripiwch y wifren ichi gael digon o fetel i weithio arno. Mae hyn yn waith anodd. Peidiwch â gwasgu'r siswrn yn rhy galed. Yna, ailgysylltwch un hanner o'r wifren â'r batri, a'r hanner arall â'r gafaelydd bwlb (llun 2).

Defnyddiwch y gwahanol bethau rydych wedi eu casglu i bontio'r bwlch rhwng y gwifrau. Pa rai sy'n gadael i'r trydan lifo drwyddynt a goleuo'r bwlb? Gwnewch dabl fel hwn i gofnodi beth sy'n digwydd.

☼ YDY ✓	☼ NAC YDY ✗
clip papur	band rwber

Yr enw ar y defnyddiau sy'n gadael i drydan lifo drwyddynt yw DARGLUDYDDION. Yr enw ar y defnyddiau sy'n ei rwystro rhag llifo yw YNYSYDDION.

Wnaethoch chi ddyfalu'n gywir?

Cyn dyddiau trydan

Dychmygwch fyw heb drydan.
Meddyliwch pa mor wahanol oedd
bywydau pobl cyn i drydan gyrraedd
eu cartrefi ar ddechrau'r ganrif.
Dyma rai o'r pethau y byddai pobl
yn eu defnyddio cyn dyddiau trydan.
Meddyliwch am bobl sy'n byw
mewn mannau heb drydan.

Perygl!

Mae trydan yn ddefnyddiol, ond er bod batrïau'n ffordd ddiogel o ddefnyddio trydan, mae trydan o'r prif gyflenwad yn beryglus dros ben. Mae ynysyddion yn bwysig am eu bod yn gwneud trydan yn ddiogel. Drwy lapio ynysyddion am ddargludyddion, mae'n bosibl cadw pobl a thrydan ar wahân. Pa rai o'r defnyddiau ar eich rhestr a gaiff eu defnyddio i ynysu pethau fel y rhain sy'n cael eu defnyddio bob dydd?

Gall pobl, fel gwifrau metel, ddargludo trydan. Felly, rhaid ichi fod yn ofalus â thrydan y prif gyflenwad. Peidiwch byth â gwthio dim, heblaw plwg priodol, i soced trydan.

15

Cysylltu'n ddiogel

Ydych chi erioed wedi gweld rhywun yn cychwyn car gan ddefnyddio 'lidiau naid'? Weithiau, does dim digon o bŵer ym matri'r car i danio'r peiriant. Felly, bydd y gyrrwr yn ei gysylltu â batri car arall ac yn defnyddio'r trydan o'r batri hwnnw.

Defnyddir clipiau crocodeil o fetel i'w cysylltu. O ba ddefnydd y cafodd y dolenni eu gwneud? Pam? (Peidiwch byth â chyffwrdd â batri car. Mae'n bwerus iawn a gallai roi sioc cas ichi.)

Mae'r plwg sydd ar bob
teclyn trydan wedi ei
ddylunio i gysylltu'n
ddiogel â'r prif
gyflenwad. Chwiliwch
am hen blwg gartref.
Gofynnwch i oedolyn
eich helpu i'w dynnu'n
rhydd. Sut mae'r plwg
yn gweithio?

Gwneud cylched

Casglwch yr holl ddefnyddiau oedd yn dargludo'n dda. Faint ohonynt y gallwch chi eu cysylltu â'i gilydd i wneud cadwyn hir i oleuo'r bwlb? Bydd angen gwneud yn siŵr fod popeth yn cyffwrdd. All trydan ddim croesi bwlch. Rhaid iddo lifo ar hyd llwybr di-dor.

CYLCHED yw'r enw ar lwybr di-dor fel hyn. Does dim rhaid i gylched fod yn gylch. Astudiwch siâp y gylched rydych wedi ei gwneud.

Faint o bethau a lwyddoch chi i'w cynnwys yn eich cadwyn o ddargludyddion? Wrth ichi ychwanegu mwy a mwy o bethau, oedd hi'n fwy anodd cadw'r bwlb ynghýn neu ei atal rhag diffodd?

Allwch chi feddwl am ffordd o wneud cysylltiadau da ar hyd eich cylched? Pa ddefnyddiau y byddech chi'n eu defnyddio?

Rheoli'r llif

Does dim gwahaniaeth pa mor hir yw'ch cylched na pha siâp sydd iddi. Os yw pob cysylltiad yn gadarn, bydd y bwlb yn goleuo'n gyson. Ond beth yw problem y trefniant hwn?

Tra bydd y trydan yn llifo o gwmpas y gylched, bydd y bwlb yn olau. I aros yn olau, bydd y bwlb yn defnyddio'r trydan o'r batri. Pan fydd y batri'n rhoi'r gorau i gynhyrchu trydan, bydd y golau'n diffodd. Os yw'r bwlb yn olau pan nad oes ei

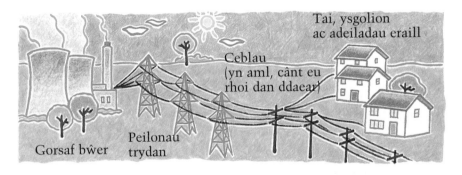

Tai, ysgolion ac adeiladau eraill

Ceblau (yn aml, cânt eu rhoi dan ddaear)

Gorsaf bŵer

Peilonau trydan

angen, caiff y trydan yn y batri ei wastraffu. Rhaid i'r trydan a ddefnyddiwn gael ei wneud neu ei GYNHYRCHU. Caiff trydan ei gynhyrchu mewn gorsafoedd pŵer a'i yrru ar hyd ceblau i'n cartrefi. Byddwn yn talu am drydan wrth brynu batrïau neu wrth dalu'r bil am y trydan a gawsom o'r prif gyflenwad. Mae trydan yn ddrud. Rhaid bod ffordd inni ei ddefnyddio'n unig pan fydd ei angen arnom.

Sut mae atal llif y trydan? Drwy dorri'r cysylltiadau! Felly, gallech ddatgysylltu'r gwifrau, neu ryddhau'r bwlb, neu dynnu'r plwg. Ond pa mor ymarferol yw hynny? Allwch chi feddwl am ateb gwell?

Swits

Swits, wrth gwrs. Mae swits yn declyn sy'n gadael ichi reoli llif y trydan. Mae llawer math gwahanol o swits i'w gael.

Sut mae gwneud swits? Defnyddiwch offer fel y rhain i ddarganfod sut i wneud swits ddefnyddiol.

Erbyn hyn fe wyddoch ddigon am drydan i ddarganfod pam nad yw'r goleudy (tudalen 6) yn gweithio.

Fe wyddoch fod y gylched rydych newydd ei gwneud yn gweithio. Sut y byddech chi'n defnyddio'r syniadau hyn i ddarganfod a oedd rhannau cylched y goleudy'n gweithio? Mae angen ichi wirio'r batri, y bwlb, y cysylltiadau a'r swits.

Chwilio am gliwiau

Beth am astudio'r batri'n gyntaf? Tynnwch y batri
o'r gylched a oedd yn gweithio'n gywir a rhowch
fatri'r goleudy yn ei le. Cofiwch wneud yn siŵr
fod y cysylltiadau'n gadarn cyn ichi gynnau'r swits.

Os nad yw'r bwlb yn goleuo, gall olygu nad yw batri'r goleudy'n gweithio. Rhowch fatri newydd yng nghylched y goleudy.

Beth os nad yw'r bwlb yn y goleudy yn goleuo? Weithiau, bydd mwy nag un peth yn mynd o chwith yr un pryd.

I ddarganfod ai'r bwlb oedd y broblem, tynnwch y bwlb o'r gylched sy'n gweithio a rhowch fwlb y goleudy yn ei le. Os yw'r bwlb yn goleuo ar ôl ichi ei gynnau, gall fynd yn ôl i gylched y goleudy.

Dod o hyd i'r ateb

Beth os yw'r batri a'r bwlb yn gweithio'n gywir ond nad yw'r goleudy'n goleuo?

Rhaid gwneud yn siŵr fod y gwifrau wedi eu cysylltu'n gadarn â'r batri a gafaelydd y bwlb. Bydd angen sgriwio'r bwlb i'w le yn gadarn hefyd.

Gallwch wneud yn siŵr fod y swits
yn gweithio drwy ei dynnu allan a
chysylltu'r gwifrau. Os yw'r bwlb
yn goleuo, nid yw'r swits yn
gweithio'n iawn. Sut mae trwsio'r
swits i gael y goleudy i weithio eto?
Dyma rai syniadau. Sut mae
gwneud i'r goleudy fflachio?

Gallech wneud model o oleudy neu
lamp, neu oleuo model o ystafell.

Gwneud robot

Gallwch ddefnyddio'r hyn a wyddoch am drydan i adeiladu robofroga. Cewch y manylion ar dudalennau 30 a 31.

Cyn ichi ddylunio'r gylched i oleuo'r llygaid, bydd angen gweld beth sy'n digwydd pan wnewch chi i ddau fwlb oleuo yr un pryd.

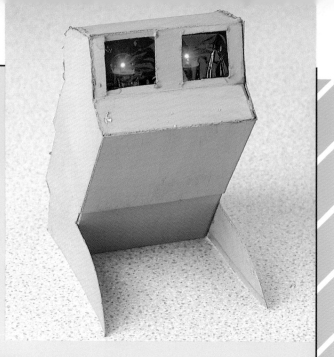

Allwch chi ddod o hyd i ddwy ffordd wahanol o wneud i'r ddau fwlb oleuo gyda'i gilydd? Beth yw'r gwahaniaeth rhwng y ddau gynllun? Allwch chi feddwl pam y mae'r bylbiau mewn un gylched yn oleuach na'r rhai yn y llall?

Pa gynllun y byddwch chi'n dewis ei roi yn y corff a wnaethoch o'r glasbrint? Ai hwnnw yw'r un gorau? Pam?

Mynegai

TEGANAU TECHNOLEG

Yn yr un gyfres:

Gerau
Weindiadau
Liferi

Cyhoeddwyd 1994 gan Ivan Corbett Publishing, Islington Wharf, Penryn, Cernyw.
Cyhoeddwyd yn wreiddiol yn Saesneg 1991 gan A & C Black (Cyhoeddwyr) Cyf., Llundain dan y teitl *Electricity*.

© 1991 y testun Saesneg, Chris Ollerenshaw a Pat Triggs
© 1991 pob ffotograff, Peter J Millard ac eithrio t14 © Maggie Murray
© 1994 y testun Cymraeg, Cyd-bwyllgor Addysg Cymru

ISBN 0–904836–63–0

Darluniau gan David Ollerenshaw (glasbrint) a Dennis Tinkler
Dyluniwyd gan Michael Leaman

Diolchiadau

Hoffai'r ffotograffydd, yr awduron a'r cyhoeddwyr ddiolch i'r canlynol am eu cymorth a'u cydweithrediad: Michelle, Pui Chi, Nicola, Ebony, Ashley, Mohammed, Larry a staff a disgyblion Ysgol Gynradd Avondale Park, Bwrdeistref Frenhinol Kensington a Chelsea.

Paratowyd yr addasiad Cymraeg gan Berwyn Prys Jones.

UNED IAITH GENEDLAETHOL CYMRU
CBAC/WJEC
NATIONAL LANGUAGE UNIT OF WALES

Cyhoeddwyd dan nawdd Cynllun Llyfrau Darllen Cyd-bwyllgor Addysg Cymru

Cysodwyd gan Elgan Davies, Caerdydd
Argraffwyd yng Ngwlad Belg gan Proost International Book Production

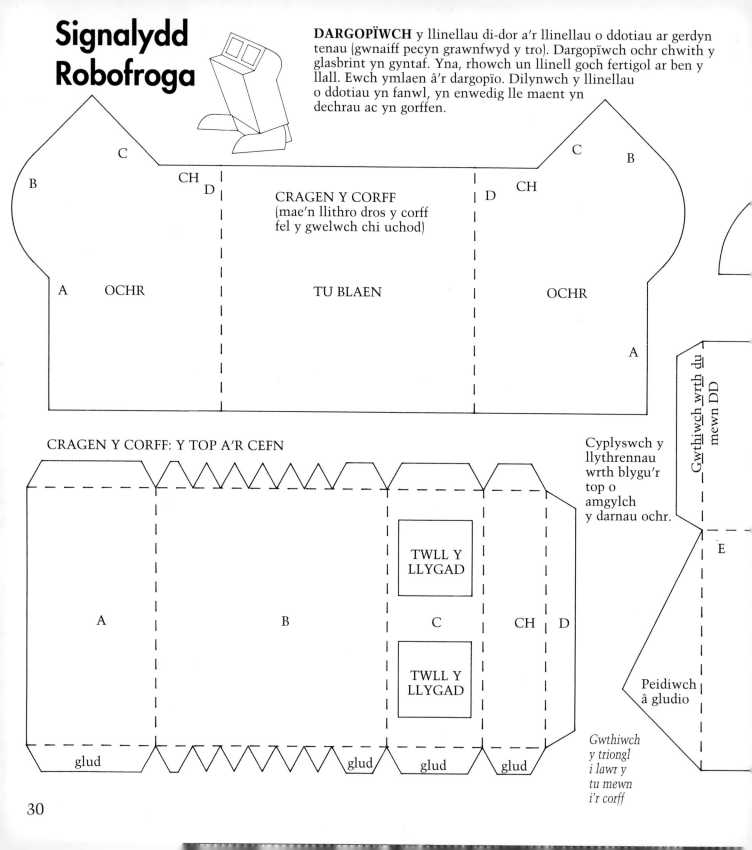

Signalydd Robofroga

DARGOPÏWCH y llinellau di-dor a'r llinellau o ddotiau ar gerdyn tenau (gwnaiff pecyn grawnfwyd y tro). Dargopïwch ochr chwith y glasbrint yn gyntaf. Yna, rhowch un llinell goch fertigol ar ben y llall. Ewch ymlaen â'r dargopïo. Dilynwch y llinellau o ddotiau yn fanwl, yn enwedig lle maent yn dechrau ac yn gorffen.

C

CH

B

D

CRAGEN Y CORFF
(mae'n llithro dros y corff
fel y gwelwch chi uchod)

C

B

CH

D

A

OCHR

TU BLAEN

OCHR

A

CRAGEN Y CORFF: Y TOP A'R CEFN

Cyplyswch y
llythrennau
wrth blygu'r
top o
amgylch
y darnau ochr.

Gwthiwch wrth <u>du</u> mewn DD

E

A

B

TWLL Y
LLYGAD

C

CH

D

TWLL Y
LLYGAD

Peidiwch
â gludio

glud

glud

glud

glud

*Gwthiwch
y triongl
i lawr y
tu mewn
i'r corff*

TORRWCH ar hyd pob llinell ddi-dor.

PLYGWCH ar hyd pob llinell o ddotiau. (Defnyddiwch sgriwdreifer trydan bach i grafu ar hyd y llinellau o ddotiau cyn plygu).

GLUDIWCH y corff wrth ei gilydd. Cyplyswch y coesau â'r corff fel y gwelwch isod. Dylai gwaelod tu blaen y corff orffwys ar y bwrdd. Gwnewch gragen y pen ar wahân a llithrwch ef dros y corff.

COES (gwnewch ddwy ohonynt)

glud

GWAELOD

glud

glud

DD

CEFN

OCHR

TU BLAEN Y CORFF

OCHR

TOP

E

Peidiwch â gludio

Peidiwch â gludio

Gwthiwch y triongl i lawr y tu mewn i'r corff

Plygwch blyg E – E yn ôl ac ymlaen tan iddo symud yn hwylus.

PROBLEM: Gan ddefnyddio dau fwlb a batri (mae lle yn y corff iddynt). gwnewch i ddau lygad Robofroga oleuo. Defnyddiwch Gôd Morse i wneud iddynt anfon neges at eich ffrindiau.

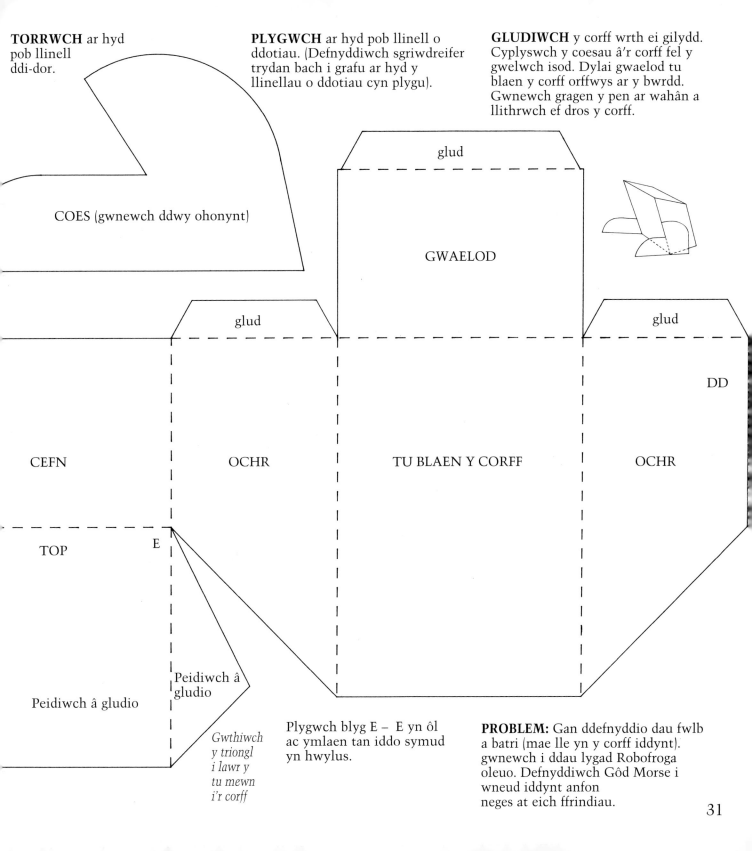

Nodiadau i athrawon a rhieni

Mae pob teitl yn y gyfres hon yn hybu ymchwilio fel ffordd o ddysgu am wyddoniaeth a bod yn wyddonol. Gwahoddir y plant i roi cynnig ar bethau ac i feddwl am bethau drostynt eu hunain. Mae'n bwysig dros ben bod plant yn trafod y defnyddiau y sonnir amdanynt yn y llyfrau gan mai drwy eu hymchwiliadau gwyddonol eu hunain yn unig y gallant lunio esboniad sy'n gweithio iddynt hwy.

Mae patrwm pob llyfr yn y gyfres hon yn dilyn cylch cynlluniedig o ddysgu. Yn ystod y cam **ymgyfarwyddo,** bydd y plant yn tynnu ar eu profiad wrth roi trefn ar eu syniadau. Mae **archwilio** yn hybu egluro a mireinio syniadau ac yn arwain at **ymchwilio**. Erbyn hynny, bydd y plant wrthi'n profi ac yn cymharu – proses sy'n arwain at ddatblygu, ailstrwythuro a derbyn neu wrthod syniadau. Gellir **adolygu** ar y diwedd neu drwy gydol y gwaith. Bydd y plant yn trafod eu darganfyddiadau ac yn dod i gasgliadau, a hynny, efallai, gan ddefnyddio'r data a gofnodwyd. Yn olaf, mae'r problemau penagored yn cynnig cyfle iddynt **gymhwyso'r** wybodaeth a'r medrau a ddysgwyd.

Wrth ysgrifennu'r llyfrau hyn, rydym wedi tynnu ar ein profiad ymarferol o'r cylch hwn wrth ddewis a threfnu'r gweithgareddau, wrth lunio'r cwestiynau ac wrth benderfynu pryd mae cyflwyno gwybodaeth a geirfa arbenigol a phryd mae crynhoi ac awgrymu cofnodi. Diben defnyddio cymwysiadau o'r byd go-iawn, a chyflwyno'r persbectif hanesyddol, yw annog y plant i gysylltu syniadau.

Ar ddiwedd pob llyfr ceir **glasbrint** sy'n annog y plant i gymhwyso'u haddysg at sefyllfa newydd. Nid oes ateb 'cywir' ynghylch sut mae cael y mecanwaith mewnol i weithio; gellir datrys y broblem mewn amryw byd o ffyrdd a dylid gadael i'r plant ddod o hyd i'w hateb eu hunain.

TRYDAN

Dilynir y 'broblem' ar dudalen 6 gan ddilyniant gofalus o weithgareddau sy'n fodd i blant ddatblygu syniadau ynghylch sut mae trydan yn gweithio a sut y caiff ei ddefnyddio. Mae'r llyfr yn cynnig patrwm ar gyfer gwirio ffactorau yn systematig, rheoli newidynnau a gwrthod esboniadau posibl. Gellir cyfleu'r ffaith fod egni trydanol yn ffrwyth adwaith cemegol, ac y caiff ei ddefnyddio a'i drosi'n egni cinetig, drwy ddefnyddio'r ymadroddion "mae'n gweithio" ac "nid yw'n gweithio" yn achos batrïau.

Ar dudalen 20 fe grybwyllir y syniad mai gorsafoedd pŵer sy'n cynhyrchu trydan. Gellir estyn hynny drwy herio'r plant i droi at lyfrau a ffynonellau eraill i ddarganfod rhagor am hynny. Gellir codi materion amgylcheddol ac ecolegol hefyd.

Adnoddau

Y cymorth gorau i blant sy'n defnyddio'r llyfr hwn fydd:

- Casgliad o wahanol ddefnyddiau tebyg i'r rhai y sonnir amdanynt yn y llyfr.
- Blwch o adnoddau sylfaenol megis ffasneri papur, bandiau rwber, a.y.y.b. a defnyddiau sbwriel bob-dydd (i'w storio a'u labelu i'r plant eu cyrchu'n annibynnol).
- Pecynnau adeiladu.
- Casgliadau o deganau a gwrthrychau o'r byd go-iawn.
- Llyfrau a lluniau fydd yn ategu'r gwaith ymchwilio.
- Ymweliadau â mannau lle gallant weld cymwysiadau, ddoe a heddiw.